# Renversement de tendance

Du même auteur

À la limite du désert, Les Chemins de Traverse, 2001

L'amour domine la solitude, Les Éditions du Net, 2013

Du sentiment à perdre, Éditions BoD, 2014

Chant de ruines, BoD, 2015

Une torche allumée au cœur des crocs, BoD, 2018

Les reproches n'éloignent pas, BoD, 2019

Traces d'un pays, BoD, 2021

Un blog notes ouvert en novembre 2011 :
http://www.pascaloupdesavoie.fr/

© Pascal Verbaere, 2022.

Pascal Verbaere

Renversement de tendance

Éditeur : BoD – Books on Demand,
12/14 rond-point des Champs-Élysées,
75008 Paris, France

ISBN : 9782322392117

— Faut plus qui cause... De rien !

— Tu lui claques pas le beignet ?

— Elle aimerait pas.

— Ah...

Dominique Davray,
Jean Gabin, Henri Virlogeux /
Mélodie en sous-sol.

À cause des femmes

Mai 2027. Ségorine Zillé est élue présidente de la République. La Constitution, mise au régime féministe.

Les hommes ne savent plus à quel sein se vouer, si ce n'est celui de leur mère. Elle, au moins, voulait tenir sa place, pour le bonheur domestique, ne parlait pas de travers, vivait des livres de littérature exclusive.

Les hommes ont commencé à comprendre que ce temps biblique allait être révolu, à la lecture de pancartes les assimilant tous à des pourceaux.

Le cœur laissé pour mort, ils se demandent à quelle sauce vont les manger ces furies à la hausse. Le désir légitime de l'égalité dans tous les domaines mue-t-il déjà en jouissance de suprématie ?

Le remplacement

Faible constitution

Article 1. L'homme devra rester au foyer si sa femme a choisi d'occuper le terrain de la gloire.

Article 2. L'homme devra s'acquitter comme un grand des tâches ménagères, que la femme aura mises à la décharge mentale.

Article 3. L'homme, travailleur par exception, sera rétribué selon la grille de salaire appliquée à la femme dans la précédente Constitution.

Article 4. L'homme remplira son devoir conjugal, selon les rites de l'étreinte appris de sa femme.

Au laminoir

Denis Boule acquiesce à l'oubli de deux images : " *Un ange sur un linge en soie Pose la lampe de ta vie* ", poudre d'Elskamp... poète ; du bon côté de l'écluse, Simone Signoret étend sa fierté, le pantalon et la chemise blanche d'Alain Delon.

Denis Boule acquiesce à l'ordre de mission journalière, que la Poison qui lui refuse son lit et le chômage à durée indéterminée lui ont jeté à la figure.

Et le voici, en compagnie d'hommes victimes eux aussi de violence conjugale, au lavoir de Nances. Le savon de Marseille leur parle de Fanny, qui avait la folie du près de Marius, mais les mégères veillent. Faible comme Adam, Ève sur le flanc, père Denis redouble d'effort et rince à l'eau froide le linge ensanglanté du dernier frottis.

Face à la pile de linge

Papa, ne baisse pas la tête ;
Elles ont ta noblesse, les tâches ménagères.
Grâce à toi, la maison est en fête ;
Nous en oublions maman, de brigade légère.

Je ne sais plus faire du feu *

Une femme, tristement d'aujourd'hui,
Fait des affaires de premier bureau ;
Un homme, pénitent de la dernière pluie,
Conte à leur petit miracle l'oie de Perrault.

L'échappée belle

Du salon où s'agrippe leur dernier séjour,
Trois mémés silencieuses jettent un coup d'œil
Au documentaire tombé d'un arbre à guenons.

L'infirmière volubile du deuxième étage,
Qui a de beaux fruits dans son corsage,
Pousse le fauteuil roulant d'un pépé
Jusqu'à l'écran et change de chaîne,
Sans s'occuper de la contemplation initiale.

Il ne veut rien rater de l'ultime étape
Comptant pour le critérium du *Dauphiné libéré* ;
Telle une hôtesse du Tour de jadis,
L'infirmière incarne, dissidente,
Le premier rôle dévolu à une femme :
Rendre un homme heureux.

Les hommes iront tous en enfer

Malheureux dans son ménage,
Bouli a des casseroles au cul.
Ténébreux des chemins de halage,
Il cuisine les filles qui ont la vertu

De répondre à ses instincts.
La péniche de Mado Laventure
Le fait remonter au sein
Originel. Lait de bitture.

Déplaisir d'amour *

Timide a un gros faible
Pour Blanche. Tel un aigle,

Il déploie son cœur. Crime
De lèse-féminité, elle le transforme

En Grincheux... Ne t'escrime
Plus, même si la Sorcière a des formes.

Où sont les hommes ? *

Montrés du cœur des femmes
Qui interprètent mâle leur amour,
Ils ont les boules et rangent la facette
Du sentiment au fond du jardin.

Le rosier relève sa trace, sanguinolente
Du désir incompris. Décomposition lente
D'un monde, où les deux espèces humaines,
Libres chacune de l'autre, s'appartiennent.

La pleine lune délie
le soleil de son sentiment

Les femmes qui s'affirment
Rendent les hommes infirmes.
Oser un regard, tendre une parole,
Autant de tentations en camisole.

Cellule familiale

Les enfants sont à table, élevés
Dans l'irrespect du père. Couvés
Par une mère poule qui picore
Le grain, redresseur de torts.

Interdit de stade

Chemin de l'Empereur, les choses se corsent ;
Une Sicilienne effondre la dernière tribune
De Furiani. Hors de question que la force
Du football sauve Nico de l'ornière commune.

Sept ans de grillage

Du jardin aussi triste que les enfilades
De Versailles, Renato cherche
La sortie. Préposé aux grillades,

Il ne veut plus souffler sur les braises
D'une communauté réduite au derche
Et décide de filer à l'anglaise.

Lanterne rouge *

Eddy entre dans la course
Pour tâter le cœur d'une fille
Au bord de sa mère.

Il nage le papillon l'ours
Flamand et sans honte frétille
Devant cette aurore mammaire.

On l'éloigne sans ménagement
Du maillot jaune de l'amour ;
Songeait-il seulement à une nuit d'été ?

Carnaval à Rosendaël *

Ce soir, je serai la plus rebelle
Pour qui osera m'inviter à danser.
Les frites mordorées à la poubelle
Témoigneront d'une moule offensée.

Poète stationnaire

Il n'est pas naïf de tous ces enfants
Qui le lisent sans le vieillir. En revanche,
Il l'est, de croire que son petit talent
Puisse, par un temps de pervenche,
Échapper au canif de l'écriture inclusive.

Gare aux guenons !

Notre comité de lecture a bien reçu
Votre manuscrit. Et nous n'avons pas eu
Besoin de plusieurs branches pour enraciner
Dans notre esprit une provocation évidente.

Tout dans votre écriture témoigne
De l'homme qui persiste à avoir la banane,
Quand l'emploi de la virgule au contraire
Doit s'effacer au profit du point médian.

Nous sommes convaincues que cet ouvrage
D'un genre dépassé trouvera son public
Au cercle impénitent des bonobos.

Alors là, madame, vous exagérez ! *

L'envers est dans le bruit

En pleine assemblée matriarcale,
Marie-France demande la parole.

" Madame la Présidente, le ministère
Du silence n'a que trop duré.

Notre Pays est devenu bancal
Des hauts talons qui font école.

Il devient urgent de ne plus taire
Le talent des hommes, afin de perdurer."

Commission d'enquête

Il faut entendre les desiderata
De l'homme, dont la gent féminine a raté
Le désir dans cette nouvelle société.

Monsieur Delmas, nous vous écoutons.

" Merci, madame la Commissaire.
Excusez-moi par avance de la fièvre
Aux commissures des lèvres.
Ma femme travaille pour Amazon. Cavalière,
Elle commande à la maison ; je me livre
Gratuitement à tout ce que son plaisir ordonne.
Mais elle s'est embarrassée d'une fable,
Je ne saurais sans cesse débarrasser la table,
Régler le quotidien comme du papier à musique,
Sans pousser le soupir du besoin physique."

Fatalité et natalité *

Fondée sur des tenants wokistes,
Elle est encore loin d'aboutir
Au bercement la république féministe.
La minorité d'hier a mis la main haute
Sur le biberon ; ce ne serait point une faute
Si l'on entendait également les garçons nourrir
La nuit des familles. Or ils se comptent
Désormais sur le pouce dans les berceaux.
Seules les filles sont désirées, portent le sceau
D'un avenir juste et bien dépourvu de honte.
Le pays peut se renouveler sans hommes
Et la génétique manipule ce bon sens,
Mais au cœur d'un foyer on n'assomme
Jamais le mur avec le rose des naissances.

Une époque stérile

L'homme et la femme n'ont plus
Rien à se jouir. Aimer le salut
Revient à ouïr les sirènes de l'abstinence ;
La ronde d'avant, c'est urgent qu'elle recommence !

Scandale

À partir de ce 4 novembre, comme l'orque,
Les hommes travailleront gratuitement.

L'entaille patronne du système rétorque
Sans sourciller qu'ils devraient normalement

Rester à la maison ; ils peuvent s'estimer
Heureux de déroger à la règle légitimée.

Étouffer Titeuf

Sous l'étredon de l'écriture égalitaire,
Ce n'est plus possible. Irrespirable l'air
De la grosse dondon, qui enseigne les lettres
Sans mettre l'accent sur la différence des êtres.

Rendez-vous de carrière

L'inspectrice, qui se souvient des fleurs
Offertes par un mâle bien campé sur sa page,

    Est venue chapitrer la professeure
    De littérature. Pourquoi cette rage

    À l'encontre d'un élève féru de poésie
    Baudelairienne ? Il n'y avait nulle hérésie

À écrire " *amour au pluriel n'est pas féminin*
Toujours " comme de répliquer, au modèle

" *Mais le vert paradis des amours enfantines* ",
Ce vers hors-classe : " *De mes amours décomposés !* "

La grande embrouille *

Voilà qu'elles s'arrêtent entre elles maintenant,
Ça doit pas marcher ben fort !
Qu'est-ce qu'on attend alors
Pour accélérer le tour d'un pouvoir intelligent ?

Destinées communes *

Le pouvoir féministe tangue,
La zizanie en son sein
Et l'approximation sur la langue.
Mai 2032, voici le grand dessein :
Ségorine Zillé renonce à se représenter,
Nicolas Poulain peut à la barre être plébiscité...
Moi président, je ne traiterai pas l'emploi
De première ministre comme celui d'une collaboratrice.
Moi président, la force de la loi
N'ignorera aucune des deux matrices.
Moi président, la vie de famille et le travail
Seront équitablement partagés sur les rails.
Moi président, il n'y aura plus d'écart de salaire
Entre les hommes et les femmes non fonctionnaires.
Moi président, les plateformes de dénonciation gratuite
Seront réprimées par la Justice, seule habilitée aux suites.

À la fête on se range *

Les jolies filles sont revenues
Embrasser le maillot jaune.
Leur rouge à lèvres retenues
L'intimide comme *le Grand Meaulnes*.

Minutes

Renversement de tendance

Accusé, vous n'avez pas la parole. L'ordre biblique, la tradition, l'intelligence méprisante, la dureté, la culture, nous les avons assez vécus : silence !

Accusée, levez-vous, si vous y arrivez. Le pouvoir que vous avez voulu incarner ne tient pas la distance. Le désordre systémique, la modernité, la bêtise invétérée, la sensiblerie, l'ignorance, nous les avons assez entendus : silence !

À cause des femmes

Ségorine Zillé. Le mélange de Ségolène et de Marine peut s'égosiller.

Je ne sais plus faire du feu

Extrait du *Petit garçon*, une chanson douce amère de Serge Reggiani, pour mon neveu Samuel qui s'en revient des Amériques...

Déplaisir d'amour

S'il te trouve belle à croquer, donne-lui cette pomme...

Où sont les hommes ?

En boîte de nuit, avec Patrick Juvet.

Lanterne rouge

Souvenir ému d'un concert d'Arno et Salvatore Adamo : *les filles du bord de mer*...

Carnaval à Rosendaël

Grand-père Cornil est au point de corner ; grand-mère Marguerite a cousu le ballon. Philippe, mon petit frère, s'impatiente : vivement la fin du lever de rideau ! Marseille – Saint-Étienne, ça va être chaud !

Alors là, madame, vous exagérez !

Contribution de René Goscinny au débat, *Le cadeau de César*, Astérix - 21, Dargaud, 1974.

Fatalité et natalité

Wokisme : comment botter en touche les fondamentaux de la République, l'universalisme, à coup de positions identitaires martelées par des minorités influenceuses à l'université, dans les médias et sur les réseaux sociaux.

La grande embrouille

Référence à *la grande vadrouille* : Paul Préboist, quelle prise d'humour !

Destinées communes

Un petit signe au président Sarkozy, au président Hollande, et à François Poulain de La Barre, philosophe féministe à l'époque du Roi-Soleil.

À la fête on se range

Nous n'oublierons pas de convier Laurel et Hardy, lesquels restent, à l'image de *Blotto* (James Parrott - 1930), d'une actualité hilarante... https://youtu.be/pL3v0Q7GHIQ

Voici Berthe – adieu la vie offerte

La gynarchie vient d'être instaurée ;
Stan et Oliver prennent le parti d'en rire.
Qu'ils s'empressent de se restaurer ;
La bringue, les harpies veulent l'interdire.

Mesdames et Messieurs les Jurés

Eh bien, il est né Pascal,
de Jacqueline et Stéphane,
le 16 juin 1957 à Paris (17ᵉ).

Les chagrins d'amour
l'ont choisi au fil de son néant.

Il croit, dur et solitaire,
à la résurrection, histoire de dire
enfin *bonjour mon amour*
à la petite blonde de la cathédrale.

À l'instar du regretté Jean Yanne
dans *Nous ne vieillirons pas ensemble*,
il demande pardon de s'être emballé
comme un cheval malheureux.

Quand mal même serait-il enclin aux armes,
ne le secouez pas ; son cœur est plein de larmes.

Édition : BoD – Books on Demand,
12/14 rond-point des Champs-Élysées,
75008 Paris
Impression : BoD - Books on Demand,
Norderstedt, Allemagne

ISBN : 9782322392117
Dépôt légal : mars 2022